Reise in die Vergangenheit

Die Samurai

Andrew Langley

p

Entwurf und Realisation: Calcium
Layout: Paul Myerscough
Illustrationen: James Field (SGA)
Cartoons: Peter Wilks (SGA)
Redaktion: Sarah Eason
Fachliche Beratung: Bob Rees

Parragon
Queen Street House
4 Queen Street
Bath BA1 1HE, UK

Übersetzung: Inga-Brita Thiele, Köln
Redaktion und Satz:
trans texas GmbH, Köln, Andreas Menkel

ISBN: 1-40545-527-6
Printed in China

INHALT

JAPANISCHE KRIEGER

NOCH BIS VOR etwa 150 Jahren wurde Japan von tapferen Kriegern beherrscht, den Samurai. Jahrelang übten sie Schwertkampf und Bogenschießen. Sie waren für ihren Mut berühmt. Die Samurai hatten strenge Verhaltensregeln – in der Schlacht und im Alltagsleben. Sie hatten eine hohe Stellung in der japanischen Gesellschaft und wurden als Helden angesehen.

GLAUBST DU DAS?
Ein Samurai durfte jeden köpfen, der ihn beleidigte.
Stimmt.
Das war im 15. Jahrhundert gesetzlich erlaubt.

Auf in die Schlacht

Schon vor etwa 1500 Jahren gab es in Japan Furcht erregende Kämpfer, ihre Nachfolger waren die Samurai.

DIE EMISHI

Die Männer des Emishi-Stamms im Norden waren die wildesten und schrecklichsten Krieger im frühen Japan. Sie waren geschickte Reiter, die mit Krummschwertern und Pfeil und Bogen kämpften. Die Samurai lernten viel über die Kriegskunst von den Emishi.

IM ERNST?!

Die Samurai durften als Einzige in Japan zwei Schwerter tragen. Gewöhnliche Leute durften überhaupt keine Waffen tragen.

SOLDATEN UND DIENER

IM 10. JAHRHUNDERT sandte der japanische Kaiser Männer aus, die Teile des Landes für ihn regieren sollten. Als diese aber weit genug von ihm entfernt waren, ignorierten sie die Befehle des Kaisers und bauten ihre eigenen mächtigen Familiengruppen, die Klane, auf. Bald begannen sie, gegeneinander Kriege zu führen. Die Klanführer warben Krieger an, die für sie kämpften. Das waren die ersten Samurai.

WAS HEISST „SAMURAI“?
Das Wort *Samurai* kommt von dem japanischen Wort für „Diener“. Jeder Samurai-Krieger diente einem Herrn. Er gab dem Herrn seine Treue und seine Kampfkraft, und erhielt als Gegenleistung Schutz, Besitztümer oder Land.

IM ERNST?!
Die Samurai rasierten sich einen Teil ihrer Haare ab, damit ihnen der Helm besser passte.

Fußkämpfer
Die ersten Samurai kämpften meist zu Fuß und trugen nur eine einfache Rüstung. Sie kämpften mit einer langen Stange, an deren Ende eine gebogene Klinge saß.

GLAUBST DU DAS?
Samurai wurden normalerweise mit Reis bezahlt.

Stimmt.
Je niedriger der Rang eines Kriegers, um so kleiner war seine Portion.

PFEIL UND BOGEN

SAMURAI SIND INSBESONDERE als Schwertkämpfer bekannt. Doch bis etwa 1100 waren japanische Schwerter schwer und wurden schnell stumpf. Hauptwaffe der Samurai war damals der Bogen, mit dem sie vom Pferd aus schossen. Krieger zu Pferd waren viel schneller als Fußsoldaten, ihre leichten Rüstungen schützten sie jedoch nicht gut.

Waffenübungen
Ein Samurai-Bogen war aus Bambus gefertigt und bis zu 2,5 Meter lang. Ihn zu beherrschen erforderte jahrelange Übung und sehr viel Kraft.

IM ERNST?!
Oft brauchte man mehrere Männer, um einen Bogen so weit zu biegen, dass man die Sehne befestigen konnte.

DIE WAFFE DER BOGENSCHÜTZEN
Die Krieger zu Pferd benutzten Holzbogen, die über zwei Meter lang waren – viel größer als die Männer selbst. Die Pfeile besaßen Metallspitzen, teils mit zwei Zinken, die in Lederköchern aufbewahrt wurden.

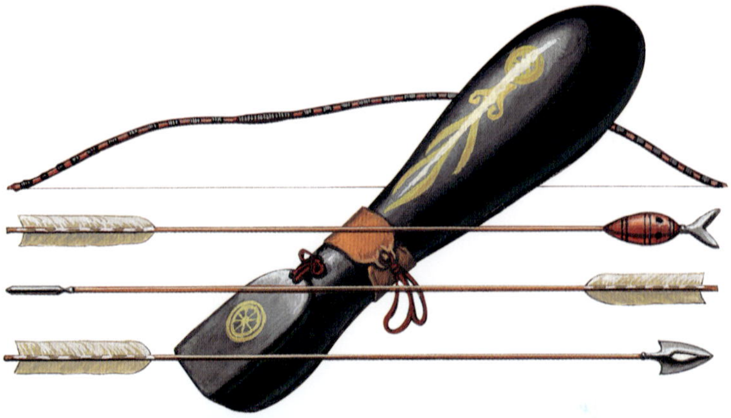

GLAUBST DU DAS?
Steigbügel veränderten die Kriegsführung in Asien.
Stimmt. So konnte man das Pferd mit den Füßen lenken und hatte beide Hände frei, um Pfeile abzuschießen.

GLAUBST DU DAS?
Samurai verhielten sich in der Schlacht stets ehrenhaft.

Stimmt nicht. Es gibt viele Geschichten über Samurai, die zum Gegner überliefen, wenn ihre Seite besiegt zu werden drohte.

DIE ERSTEN SAMURAI-SCHLACHTEN verliefen recht seltsam. Die Gegner vereinbarten, wo und wann sie kämpfen würden. Dann schossen Bogenschützen zwei Pfeile in die Luft, um die Schlacht zu beginnen. Aber die Gegner stürmten nicht einfach aufeinander los. Jeder Samurai versuchte, einen Feind zu finden, der ihm an Kampfstärke und Rang glich. Dann wurde die Schlacht paarweise ausgefochten.

DIE MONGOLENÜBERFÄLLE
Im 13. Jahrhundert versuchten mongolische Krieger zweimal, Japan zu erobern. Den ersten Angriff konnten die Japaner abwehren. Beim zweiten Überfall wurde die Flotte der Feinde durch ein gewaltiges Unwetter vernichtet. Die Japaner nannten den Sturm, der sie gerettet hatte *Kamikaze* – „Götterwind".

Auf dem Schlachtfeld
Die Samurai-Generäle machten selten Schlachtpläne. Die beiden Armeen kämpften einfach Mann gegen Mann, bis alle Krieger der einen Seite tot oder geflohen waren.

IM ERNST?!

Vor der Schlacht verkündete der Samurai die Einzelheiten seiner Familiengeschichte und erklärte dann, er sei bereit, im Kampf zu sterben.

SHOGUNE

UM 1180 brach ein blutiger Bürgerkrieg zwischen den beiden mächtigsten Klanen in Japan aus. Der Minamoto-Klan blieb Sieger. 1192 wurde sein Anführer der erste regierende Kriegsherr, den man Shogun nannte. Die nächsten 700 Jahre wurde Japan von Shogunen regiert, die mit ihren Samurai-Armeen ihre Feinde bekämpften.

IM ERNST?!
Das kurze Wort *Shogun* bedeutet so viel wie „allmächtiger Feldherr, der die Barbaren unterwirft"!

DER DAIMYO

Der Shogun regierte ganz Japan, aber jede Gegend hatte einen eigenen Anführer, den man *Daimyo* nannte. Die Daimyos bauten sich Fürstentümer auf, die sie mit eigenen Armeen verteidigten. Im Leben eines Samurai war der Daimyo die wichtigste Person, der er absolute Treue schuldete.

Der mächtige Shogun
Der Shogun trug einen Helm mit gewaltigen Verzierungen und einen farbenprächtigen Umhang über seiner Rüstung.

GLAUBST DU DAS?

Einer der Heerführer war ein großer Tänzer!

Stimmt. Oda Nobunaga spornte seine Truppen an, indem er ihnen etwas vortanzte.

SAMURAIRÜSTUNG

IM ERNST?!
Um den Feind zu erschrecken, trugen manche Samurai in der Schlacht grässliche Masken.

GLAUBST DU DAS?
Die Befehlshaber der Samurai trugen in der Schlacht Fächer.
Stimmt. Sie benutzten bunte Kriegsfächer, um ihren Kriegern Signale zu geben.

DIE RÜSTUNG eines Samurai schützte ihn nicht nur im Kampf, sondern zeigte auch an, dass er einer speziellen Kriegerklasse – den Samurai – angehörte. Teil der Rüstung war meist ein verzierter Metallpanzer, den man mit Bändern um den Oberkörper befestigte. Die Krieger trugen auch Beinpanzer und schalenförmige Helme aus Metall.

Prunkvolle Rüstung
Die Rüstung eines Samurai war stabil, aber so leicht, dass er sich darin frei bewegen konnte. Außerdem sollte sie den Feind beeindrucken.

ABZEICHEN UND BANNER
Jeder Klan hatte ein eigenes Wappen. Das konnte eine Farbe, ein Muster oder ein Bild, wie z. B. ein Tier, sein. Viele Samurai trugen ein kleines Banner, das man *Sashimono* nannte. Es hing an einer Stange, die hinten in der Rüstung steckte. Manche trugen dieses Zeichen an ihrem Helm.

SAMURAISCHWERTER

DAS SCHWERT entwickelte sich nicht nur zur Hauptwaffe des Samurai, sondern war auch ein Zeichen seiner Stellung als Krieger. Ein Samurai trug zwei Schwerter an seinem Gürtel: Das kurze *Wazikashi* und das größere *Katana*, die wichtigste Kampfwaffe in der Schlacht.

SCHWERTSCHMIEDE
Die Herstellung eines Schwerts dauerte lange. Der Schmied legte harte und weiche Metallstreifen zusammen und hämmerte auf sie ein, bis ein einziges flaches Stück entstand. Dann faltete er es und schlug es wieder flach. Er wiederholte das viele Male, um die Klinge zu schmieden.

Manche Krieger bevorzugten das riesige *Nodachi*, das so lang wie ein Mensch war! Alle Samurai-Schwerter waren scharf wie Rasierklingen.

GLAUBST DU DAS?
Das Schwert eines Samurai war so scharf, dass er sich selbst den Kopf abschneiden konnte.

Stimmt. 1516 schlug sich Miura Yoshimoto selbst den Kopf ab.

Super-Schwert
Das berühmteste Schwert war der Bartschneider. Es war so scharf, dass es einem Feind nicht nur den Kopf, sondern auch den Bart abschneiden konnte.

IM ERNST?!
1588 ordnete der Shogun Hideyoshi eine Schwertjagd an. Seine Beauftragten nahmen allen, die keine Samurai waren, ihre Schwerter weg.

IN DER SCHLACHT

ZU EINER Samurai-Armee gehörten Fußsoldaten und Krieger zu Pferd. Um ihre Männer in der Schlacht zu lenken, verwendeten die Anführer Signale, die man weithin sehen oder hören konnte. Mithilfe unterschiedlich geformter und gemusterter Flaggen, konnten sich die Armeeteile geheime Signale geben. Man benutzte Blashörner aus großen Schneckenhäusern und Kriegstrommeln, um den Truppen Befehle zu geben.

GLAUBST DU DAS?
Ein besiegter Samurai ergab sich sofort dem Feind.

Stimmt nicht. Das galt als große Schande. Man erwartete von einem Samurai, dass er bis zum Tod kämpfte.

IM ERNST?!

Nach 1700 verboten die Shogune den Einsatz von Gewehren, weil sie die Kriegskunst der Samurai bedrohten.

DIE ERSTEN SCHUSSWAFFEN

1542 landete ein portugiesisches Schiff in Japan. Ein Daimyo kaufte den Seeleuten eine Muskete ab – die erste Schusswaffe in Japan. Sie wurde bald überall im Land nachgebaut. Gewehre waren tödlicher und leichter zu handhaben als Schwerter. Ein mit Gewehren bewaffnetes Heer war einer Armee von Schwertkämpfern weit überlegen.

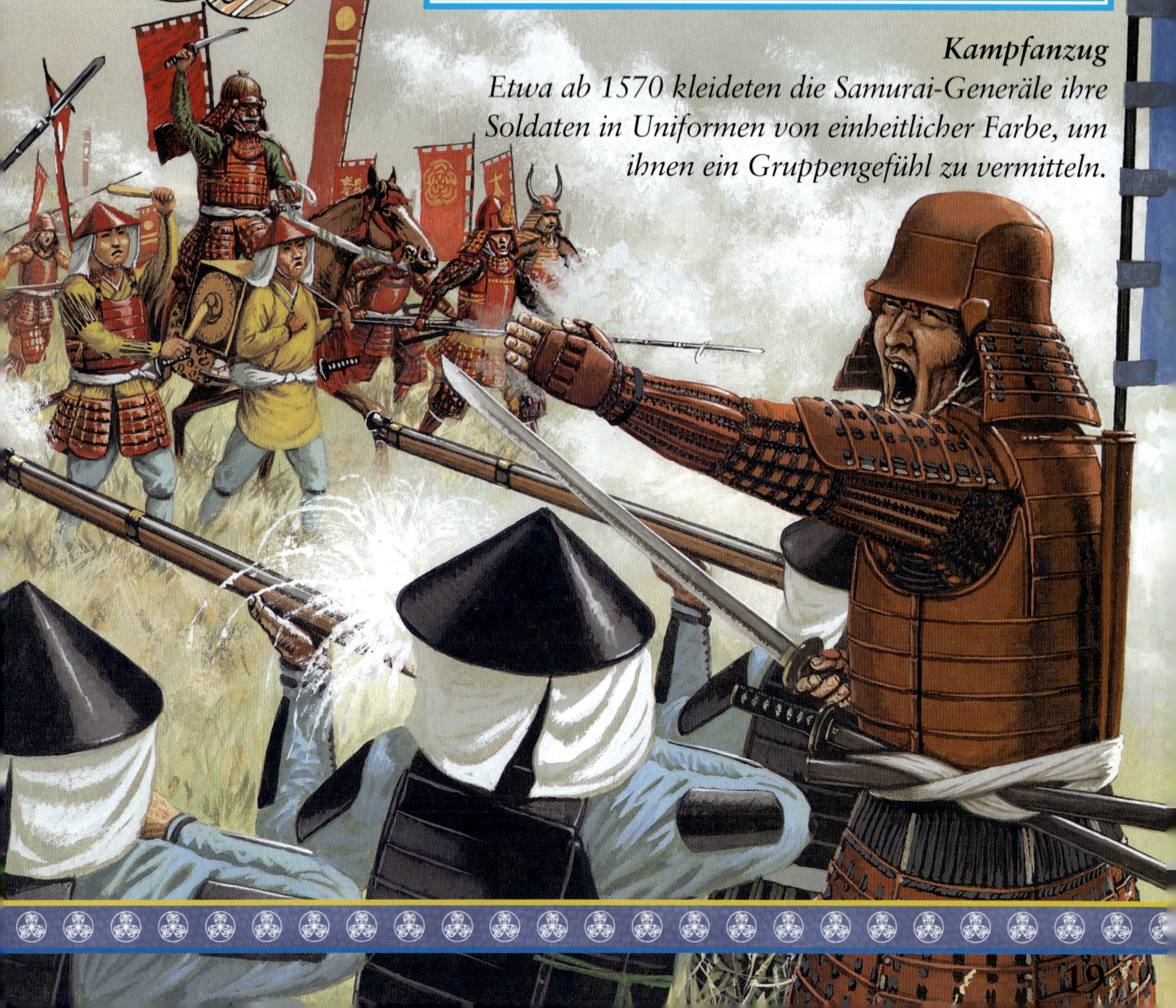

Kampfanzug

Etwa ab 1570 kleideten die Samurai-Generäle ihre Soldaten in Uniformen von einheitlicher Farbe, um ihnen ein Gruppengefühl zu vermitteln.

DIE SAMURAIFAMILIE

GLAUBST DU DAS?
Ein beliebter Zeitvertreib der Samurai hieß Nô.

Stimmt. Nô war eine Theaterform, bei der die Darsteller Masken trugen.

SELBST ein Samurai kämpfte nicht die ganze Zeit. In Friedenszeiten lebte er in seinem Haus, das sich meist in einer Stadt gleich neben der Burg seines Daimyos befand. Als Mitglied der Oberschicht sorgte er dafür, dass seine Familie strenge Verhaltensregeln befolgte. Frauen hatten kaum Rechte; ihre Hauptaufgabe war es, die Kinder nach Samurai-Art zu erziehen. Sie mussten ihren Ehemännern in allem gehorchen.

KRIEGERINNEN
Es gab kaum weibliche Samurai, aber viele Samurai-Frauen übten sich in Kampfkunst, um ihr Zuhause verteidigen zu können. Die berühmteste von ihnen war Nakano Takeko, die in den Kriegen um 1860 tapfer gegen Eindringlinge kämpfte. Als sie im Kampf schwer verwundet wurde, bat sie darum, getötet zu werden.

Brettspiele
Die Samurai spielten gerne Go, *eines der beliebtesten japanischen Brettspiele.*

IM ERNST?!
Eine Frau musste ihrem Gatten ebenso treu dienen wie er seinem Daimyo.

DER WEG DES KRIEGERS

Ehrenvoller Tod
Samurai begingen oft Selbstmord, um einer Gefangennahme zu entgehen oder ihre Ehre zurückzuerlangen, wenn diese verletzt worden war.

IM ERNST?!
In Japan gibt es strenge Regeln darüber, wie der Tee serviert werden sollte.

DIE VERHALTENSREGELN der Samurai nannte man *Bushido*, das heißt „der Weg des Kriegers“. Es waren Regeln darüber, wie ein Krieger sein Leben ehrenhaft führt: Er sollte einfach leben, die Wahrheit sagen, tapfer, höflich, geduldig und seinem Herrn und Kaiser treu sein. Die Regeln des Bushido wurden im 17. Jahrhundert erstmals niedergeschrieben.

GLAUBST DU DAS?
Samurai luden oft Zuschauer ein, wenn sie sich umbringen wollten.

Stimmt. Wenn ein Samurai sich umbrachte, um eine Schande zu tilgen oder weil sein Daimyo gestorben war, kamen andere Samurai, um dabei zuzuschauen.

DIE 47 RONIN
Die Erzählung von den 47 Ronin (Ronin waren herrenlose Samurai) gehört zu den berühmtesten japanischen Geschichten. 1701 wurde der Daimyo Asano gezwungen, Selbstmord zu begehen. Seine Samurai schworen, sich an seinem Hauptfeind Kira zu rächen. Sie warteten ein ganzes Jahr, bevor sie Kiras Burg angriffen und ihn töteten. Dann begingen sie alle Selbstmord.

BURGEN

DIE SHOGUNE brauchten einen sicheren Rückzugsort, um sich und ihre Krieger zu schützen. Die meisten japanischen Burgen, die im 17. Jahrhundert erbaut wurden, hatten einen Sockel aus Steinmauern rund um eine Erdaufschüttung. Auf diesem Sockel standen mindestens vier hölzerne Stockwerke mit überhängenden Dächern. Das Innere der Burg war oft prachtvoll ausgeschmückt.

GLAUBST DU DAS?

Samurai-Burgen konnten eine ganze Armee beherbergen.

Stimmt. In Kriegszeiten lebten dort der Daimyo, seine Krieger und all ihre Frauen und Kinder.

Burg des Schreckens
Viele Daimyos legten Wert darauf, dass ihre Burg möglichst groß und uneinnehmbar aussah. Je größer die Burg war, desto mehr Ehrfurcht hatten die Leute vor ihrem Besitzer.

HIDEYOSHI
Der Samurai-General Hideyoshi eroberte mit schlauen Methoden selbst die mächtigsten Burgen. Bevor er die Burg bei Tottori angriff, kaufte er im Umland die ganze Reisernte auf, damit die Verteidiger nichts zu essen hatten. Die Burg bei Takamatsu zerstörte er, indem er sie mit dem Wasser eines nahen Flusses überflutete.

IM ERNST?!
Der gewaltige Steinsockel einer Burg fiel nach außen schräg ab, um besseren Schutz gegen Erdbeben zu bieten. Dadurch waren die Mauern aber für Feinde leichter zu erklimmen.

NINJA

DIE NINJA sind noch heute als Auftragsmörder der Samurai-Ära berühmt. Ninja waren Krieger, die eigens darin ausgebildet wurden, schnell und lautlos zu töten. Diese Kunst aus China, sich leise und unsichtbar zu bewegen, wurde zunächst von japanischen Mönchen

KRIEGERISCHE MÖNCHE
Im 13. Jahrhundert bestanden einige der meistgefürchteten Armeen Japans aus Mönchen, den *Sohei*. Die Kampfkunst war ein wichtiger Teil ihrer Religion. Sie trugen lange weiße Gewänder mit einer Rüstung darüber und eine Schwertlanze, die *Naginata*.

praktiziert. Die Ninja übernahmen diese Kunst. Sie wurden manchmal angeheuert, um einen Feind zu töten. Außerdem waren sie gute Spione.

GLAUBST DU DAS?
Ninja trugen nachts schwarze und tagsüber braune Kleidung.

Stimmt. Dadurch waren sie schwerer zu erkennen.

Nächtlicher Mord
Die Ninja benutzten Spezialwaffen wie Kurzschwerter, Blasrohre mit Giftpfeilen und Tigerkrallen aus Metall, die sie an ihre Hände schnallten.

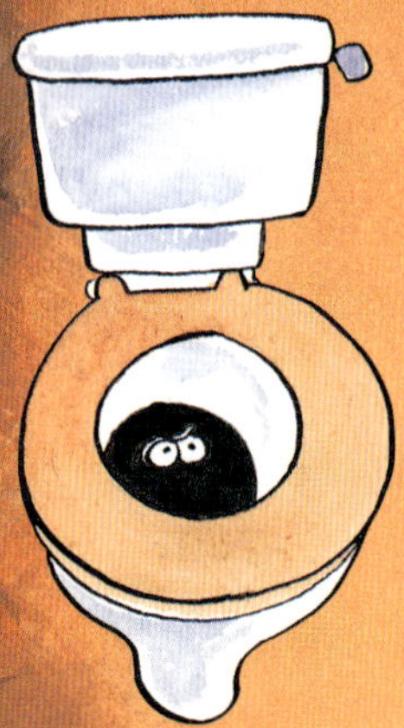

IM ERNST?!
Es gab einen Ninja, der so klein war, dass er sich in der Toilette von seinem Opfer verstecken konnte!

DIE ANFÜHRER DER SAMURAI

GLAUBST DU DAS?
Samurai durften erst als Erwachsene in die Schlacht ziehen.

Stimmt nicht. Der Krieger Shikanosuke tötete seinen ersten Feind mit 13 Jahren.

DIE BESTEN und klügsten Samurai-Krieger wurden Generäle, Daimyo und sogar Shogune. Viele werden heute noch als Helden verehrt. Zu den berühmtesten gehörte Minamoto Yoshitsune. Er war klein und hässlich, aber ein großer Anführer und ein hervorragender Schwertkämpfer. 1184 vernichtete er den herrschenden Taira-Klan in mehreren großen Schlachten.

DER TEUFELSGENERAL
Einer der grausamsten Samurai-Generäle hieß Kato Kiyomasa. Er war für seine Tapferkeit in der Schlacht berühmt und ging mit dem Speer auf Tigerjagd. Er fand, Tanz und Dichtung seien eine solche Schande für einen Samurai, dass sich jeder, der dabei erwischt wurde, umbringen sollte.

Überraschungs-angriff
Yoshitsunes berühmtester Sieg war der von Ichinotani, bei dem er mit einem Teil seiner Armee einen Steilhang an der Küste hinunterstürmte, um dem Feind in den Rücken zu fallen.

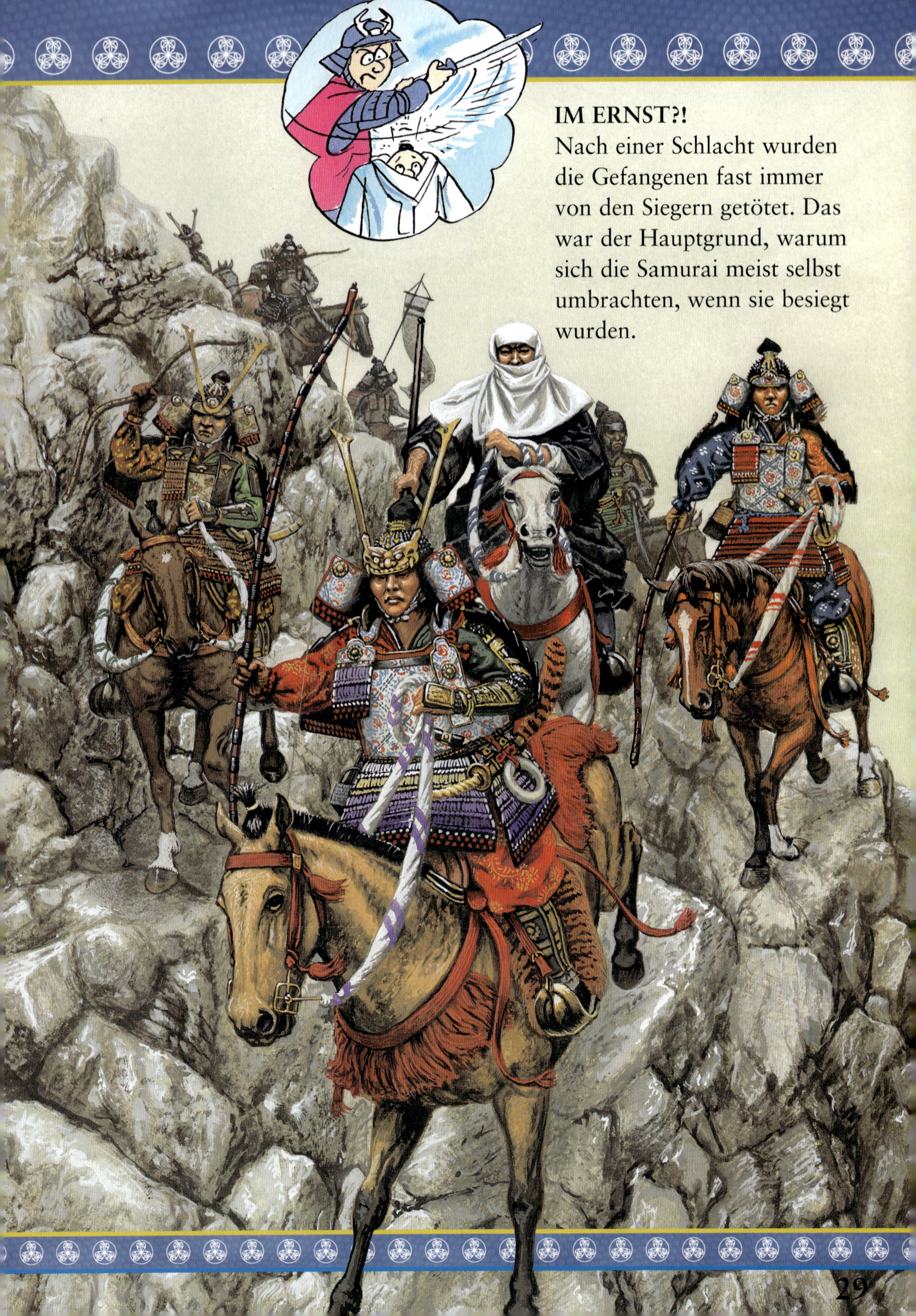

IM ERNST?!
Nach einer Schlacht wurden die Gefangenen fast immer von den Siegern getötet. Das war der Hauptgrund, warum sich die Samurai meist selbst umbrachten, wenn sie besiegt wurden.

DER LETZTE SHOGUN

NACH 1860 war die Zeit der Samurai vorbei. Die Kriegsführung hatte sich verändert, und man brauchte keine Schwertkämpfer mehr. Viele Samurai verarmten und mussten ein Handwerk erlernen. Der letzte Shogun trat 1867 zurück, und die japanische Gesellschaft veränderte sich grundlegend. Doch einige Traditionen der Samurai leben in Büchern, Filmen und Vereinen heute noch fort.

Glaubst du das?
Im Zweiten Weltkrieg nahmen sich die japanischen Kamikaze-*Selbstmordflieger die Samurai zum Vorbild.*
STIMMT. Man nannte sie *Kamikaze* nach dem Sturm, der vor Jahrhunderten die mongolische Flotte zerstört hatte.

Samuraitradition
Heute noch üben sich viele Japaner in den alten Techniken der Samurai wie Fechten (Kendo) oder Bogenschießen (Kyudo).

DER SATSUMA-AUFSTAND
Die letzte Machtdemonstration der Samurai ereignete sich 1877. Schüler einer Samurai-schule in Satsuma auf der Insel Kyushu rebellierten gegen die japanische Regierung. Diese brauchte 11 Kriegsschiffe und 60 000 Soldaten, um sie zu besiegen.

IM ERNST?!
Im Zweiten Weltkrieg zogen einige japanische Offiziere mit Samurai-schwertern in die Schlacht.

REGISTER